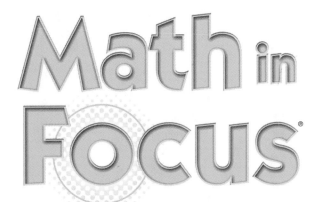

Math in Focus

Matemáticas de Singapur
de Marshall Cavendish

Libro del estudiante
Kindergarten Ⓑ
Parte 1

Autora
Dra. Pamela Sharpe

Asesores de Estados Unidos
Andy Clark y Patsy F. Kanter

Marshall Cavendish
Education

Distribuido por

HOUGHTON MIFFLIN HARCOURT

COMMON CORE

© 2012 Marshall Cavendish International (Singapore) Private Limited

Published by Marshall Cavendish Education
An imprint of Marshall Cavendish International (Singapore) Private Limited
Times Centre, 1 New Industrial Road, Singapore 536196
Customer Service Hotline: (65) 6213 9444
E-mail: tmesales@sg.marshallcavendish.com
Website: www.marshallcavendish.com/education

Distributed by
Houghton Mifflin Harcourt
222 Berkeley Street
Boston, MA 02116
Tel: 617-351-5000
Website: www.hmheducation.com/mathinfocus

English Edition 2009
Spanish Edition 2012

Math in Focus® Kindergarten B Part 1
ISBN 978-0-547-58243-6

Printed in Singapore

6 7 8 9 10   1401   17 16 15 14 13
4500452928   A B C D E

Contenido

Contenido

Capítulo 7

Cuerpos geométricos y figuras planas

Lección 1 Cuerpos geométricos

¿Qué figura es? Coloréala.

Empareja.

Empareja.

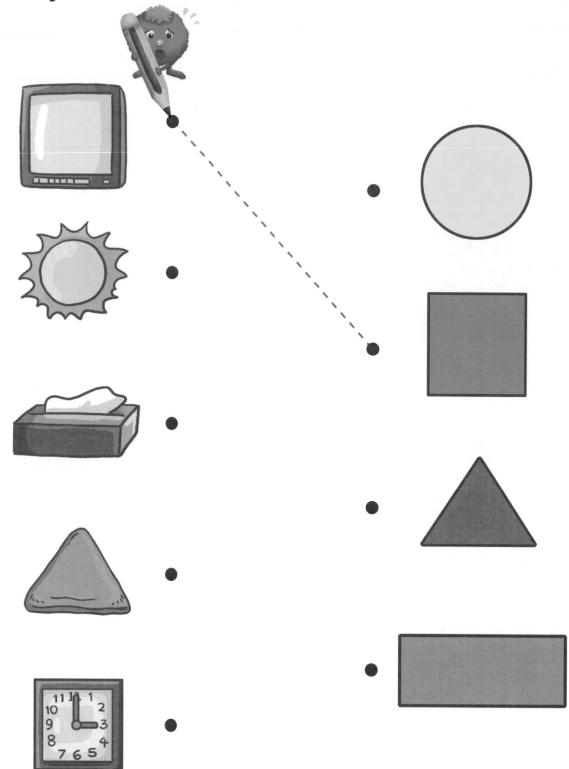

Dibuja.

Círculo grande   Círculo pequeño

Cuadrado pequeño   Cuadrado grande

3

Triángulo grande

Triángulo pequeño

4

Rectángulo pequeño

Rectángulo grande

5

Hexágono grande

Hexágono pequeño

Ilustraciones de figuras planas

Colorea los cuadrados de rojo. Colorea los rectángulos de verde.

Colorea los círculos de amarillo. Colorea los triángulos de azul.

Colorea los hexágonos de color café.

Lección 5   Patrones de figuras
Completa el patrón.

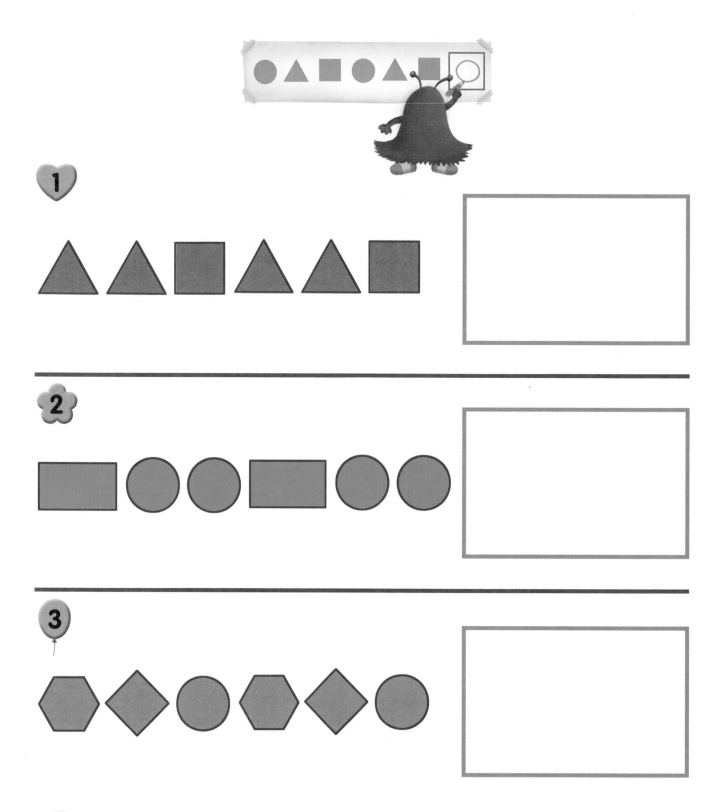

1

2

3

Lección 1 Contar de 2 en 2

Cuenta y escribe.

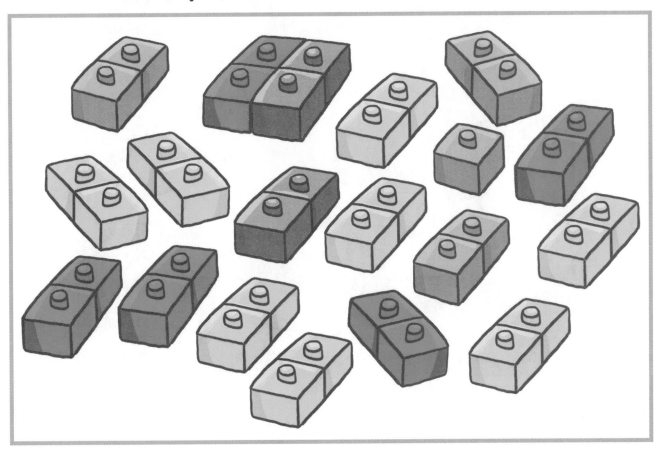

Encierra en un círculo los grupos de 5 hormigas.

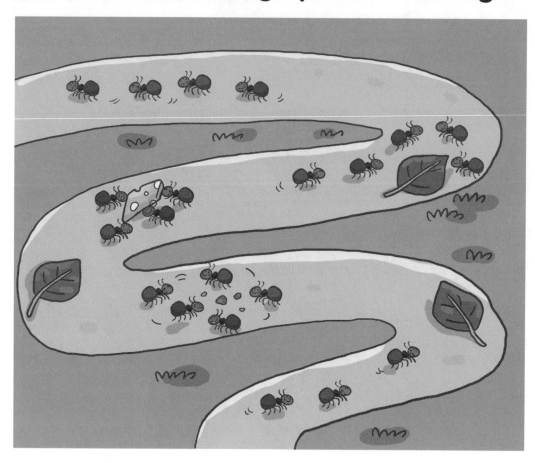

Marca el conteo.

¿Cuántos hay? Cuenta y encierra en un círculo la respuesta.

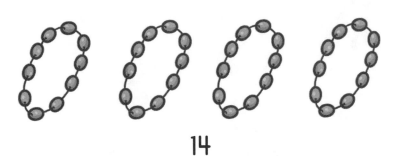

40　　　　　14　　　　　50

16　　　　　80　　　　　60

11　　　　　100　　　　　90

Encierra en un círculo los grupos de 10. Luego, cuenta y encierra en un círculo la respuesta.

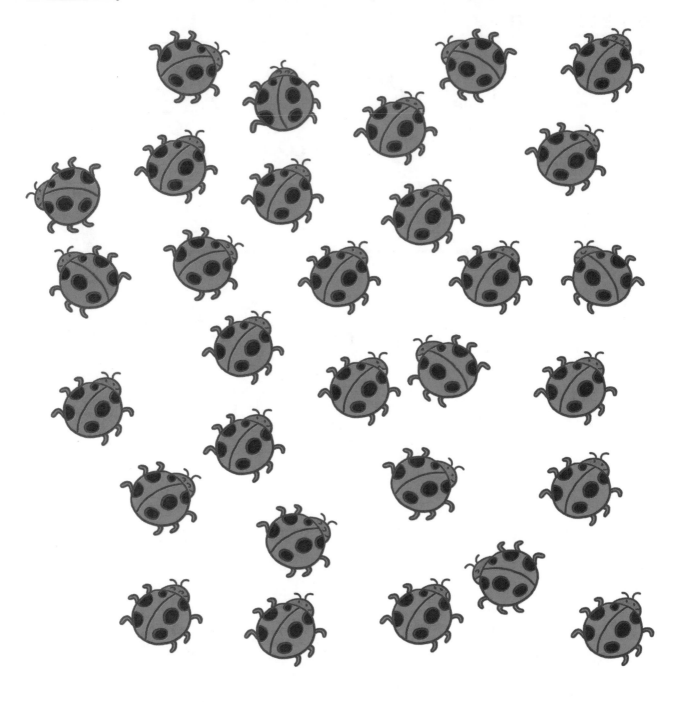

¿Cuántos hay?   20   30   40

Lee y colorea.

42

2

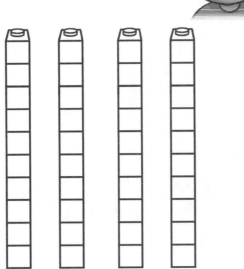

37

¿Cuántos hay? Cuenta y encierra en un círculo la respuesta.

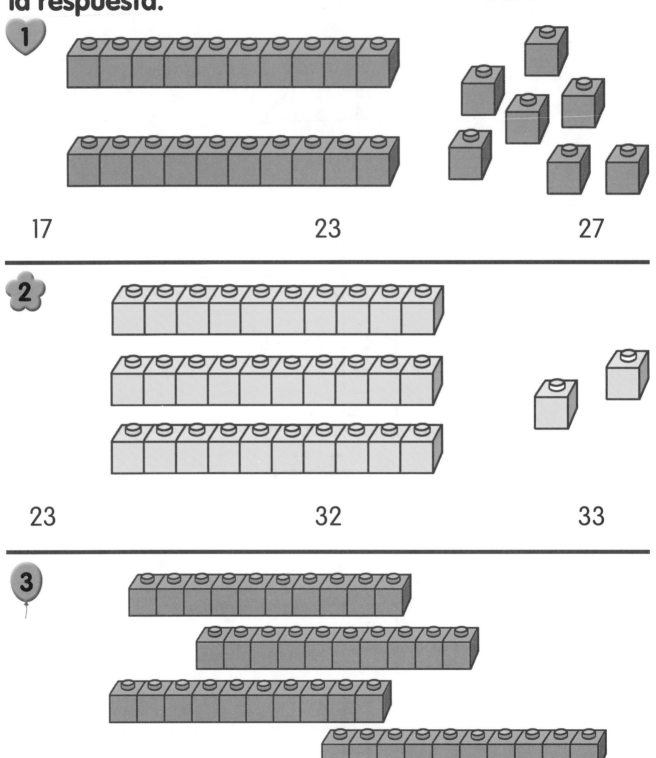

1

17   23   27

2

23   32   33

3

40   44   30

Completa la secuencia. Encierra en un círculo el número que falta.

1

20, 21, ___, 23

24   22   32

2

39, ___, 41, 42

38   30   40

3

27, 28, 29, ___

26   40   30

¿Cuántos hay? Cuenta y encierra en un círculo la respuesta.

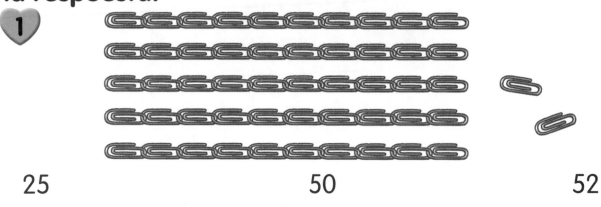

| 25 | 50 | 52 |

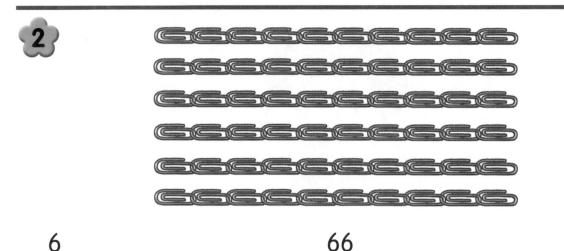

| 6 | 66 | 60 |

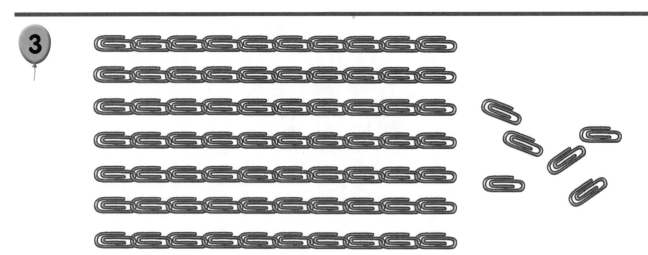

| 76 | 67 | 77 |

¿Cuál es el número que falta? Colorea el globo.

1

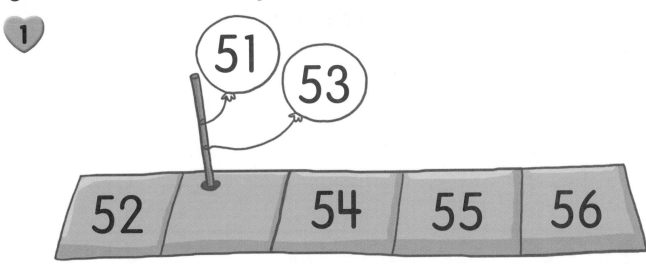

51 53

52 54 55 56

2

59 69

60 61 62 63

3

71 69

66 67 68 70

Lección 5   19

Colorea de anaranjado el número menor.
Colorea de azul el número mayor.

 1

69	72	77	67

2

52	57	51	50

3

79	73	70	60

4

51	78	69	50	71

¿Cuántos hay? Cuenta y encierra en un círculo la respuesta.

1

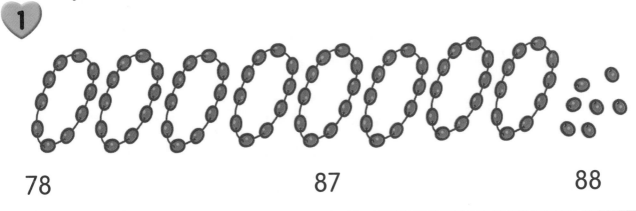

78   87   88

___

2

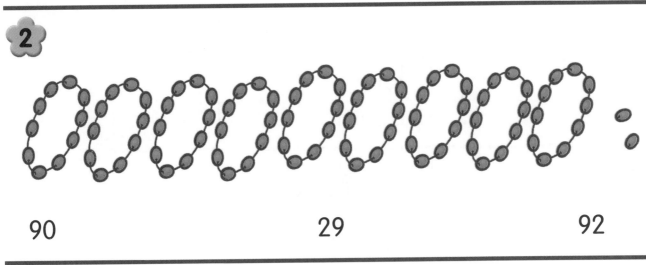

90   29   92

___

3

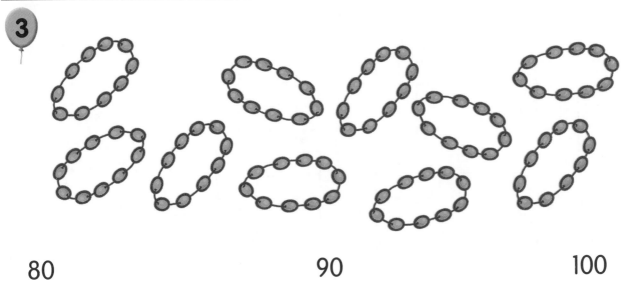

80   90   100

Lee y colorea.

84

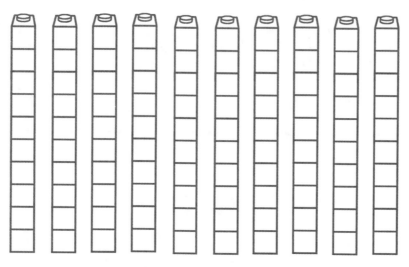

97

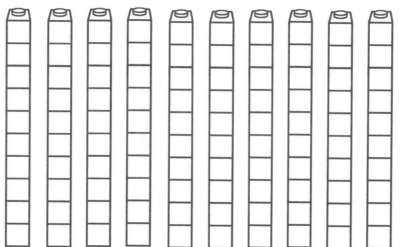

¿Cuál es el número que falta? Colorea la bandera.

 1

2

3

¿Qué número viene antes? Coloréalo de azul.
¿Qué número viene después? Coloréalo de rojo.

| 5 | 49 | 52 | 51 |

| 10 | 21 | 12 | 1 |

| 79 | 100 | 89 | 98 |

Comparar conjuntos

Lección 1 Comparar conjuntos de hasta 10

Cuenta y escribe.

 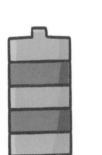 

 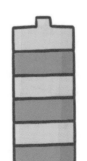 

¿Cuál conjunto tiene más? Coloréalo.
¿Cuál conjunto tiene menos? Enciérralo en un círculo.

 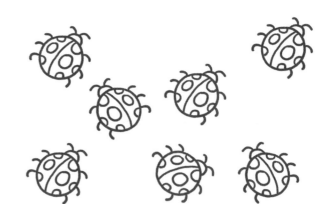

¿Qué no se puede contar? Encierra en un círculo.

Cuenta y escribe.
Encierra en un círculo el conjunto que tiene más.

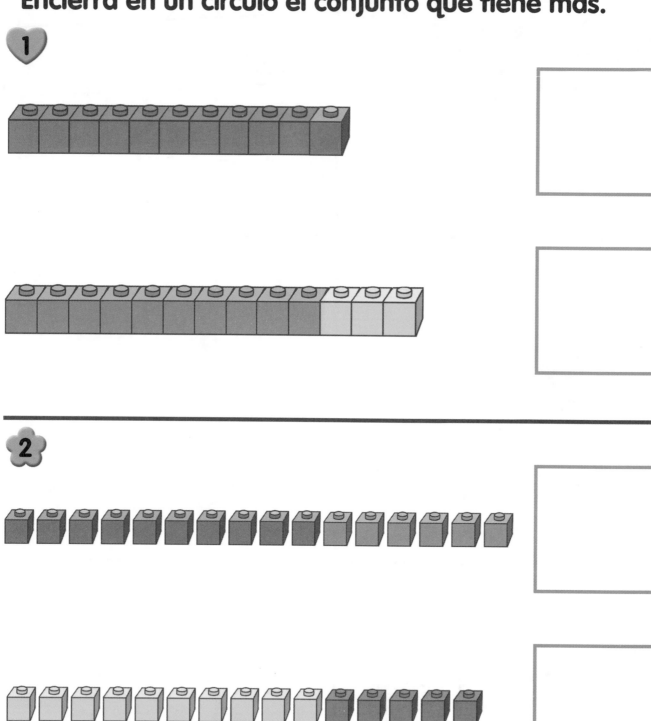

Empareja de uno a uno. Luego, colorea el conjunto que tiene menos.

 1

2

3

Lección 3 Comparar conjuntos para hallar la diferencia

Colorea de rojo los cubos de más.
Cuenta y escribe cuántos más hay.

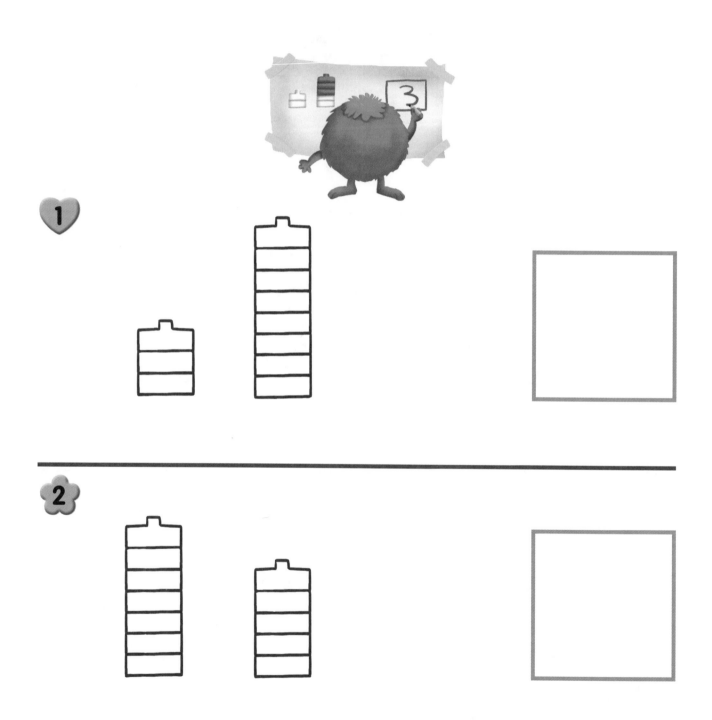

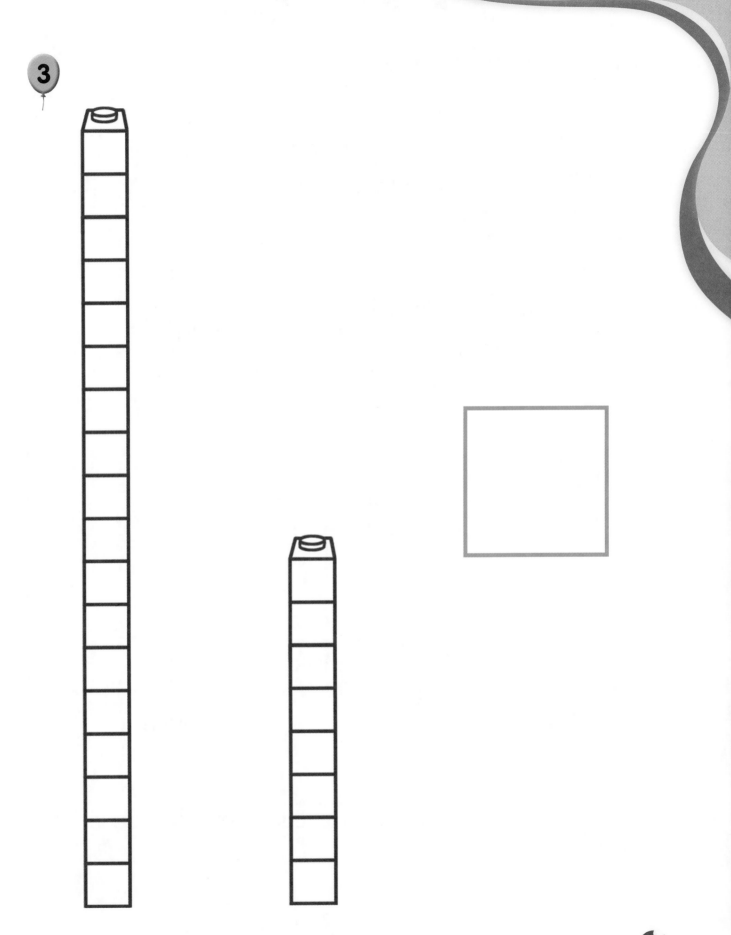

Dibuja, cuenta y escribe.

 Dibuja una torre de 3 cubos en la Caja A.

Dibuja una torre de 5 cubos en la Caja B.

Caja A   Caja B

La torre de la Caja A tiene _____ cubos menos que la torre de la Caja B.

2

Dibuja 14 cubos en la Caja C.

Dibuja 11 cubos en la Caja D.

Caja C

Caja D

La Caja C tiene _____ cubos más que la Caja D.

Cuenta y encierra en un círculo la respuesta.

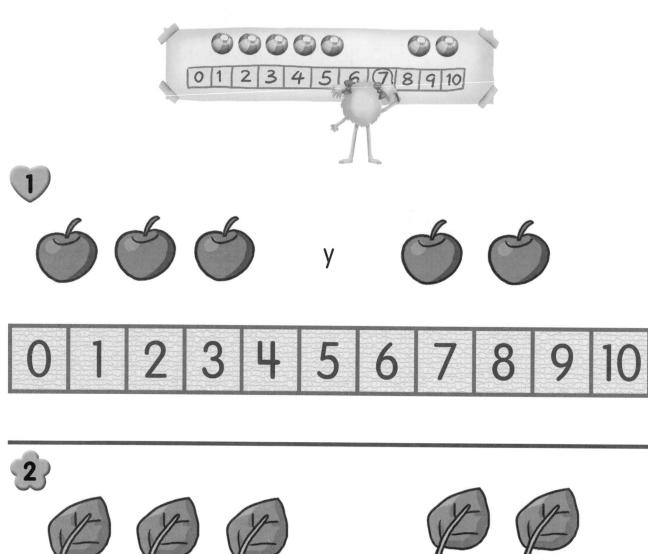

1

2

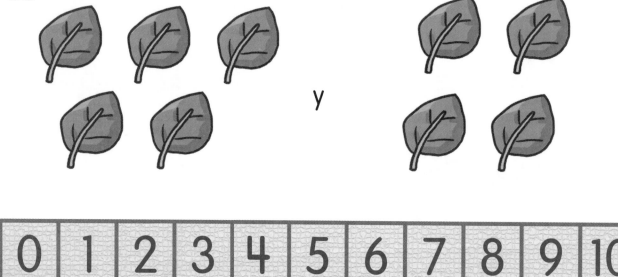

3

y

0	1	2	3	4	5	6	7	8	9	10	11	12	13	14	15	16	17	18	19	20

4

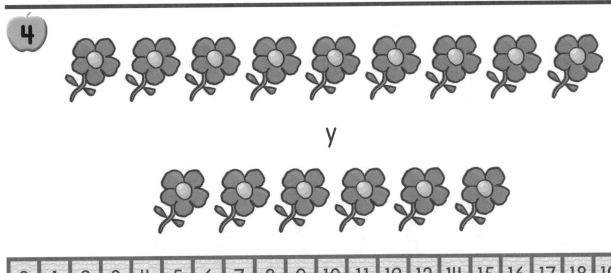

y

0	1	2	3	4	5	6	7	8	9	10	11	12	13	14	15	16	17	18	19	20

5

y

0	1	2	3	4	5	6	7	8	9	10	11	12	13	14	15	16	17	18	19	20

Cuenta, encierra en un círculo y escribe.

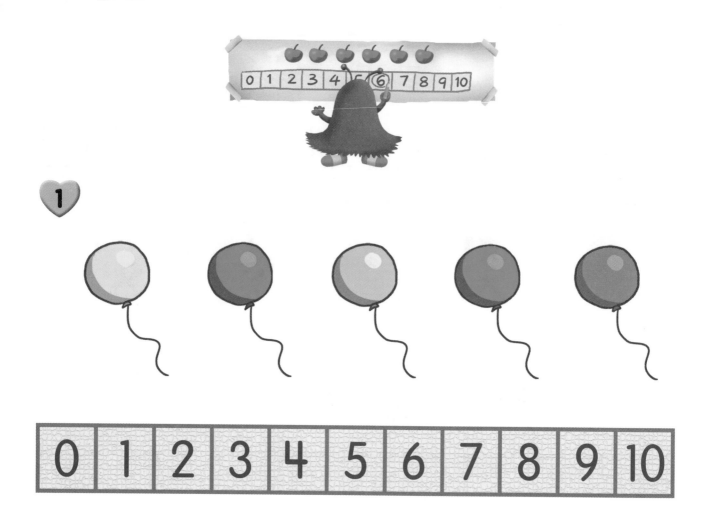

1

0	1	2	3	4	5	6	7	8	9	10

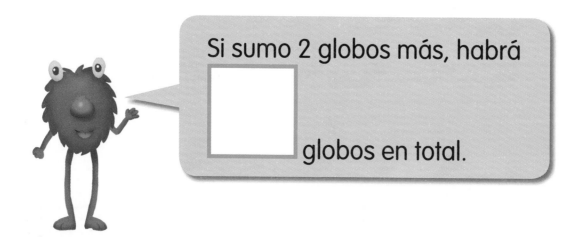

Si sumo 2 globos más, habrá

globos en total.

2

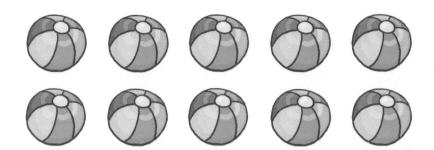

| 0 | 1 | 2 | 3 | 4 | 5 | 6 | 7 | 8 | 9 | 10 | 11 | 12 | 13 | 14 | 15 | 16 | 17 | 18 | 19 | 20 |

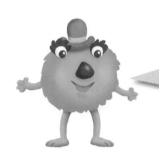

Si sumo 2 pelotas más, habrá

pelotas en total.

3

| 0 | 1 | 2 | 3 | 4 | 5 | 6 | 7 | 8 | 9 | 10 | 11 | 12 | 13 | 14 | 15 | 16 | 17 | 18 | 19 | 20 |

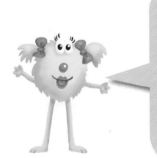

Si sumo 5 tazas más, habrá

tazas en total.

Cuenta y escribe.

1

 y  es

2

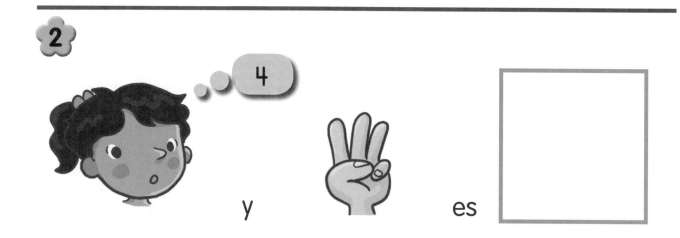 y es

3

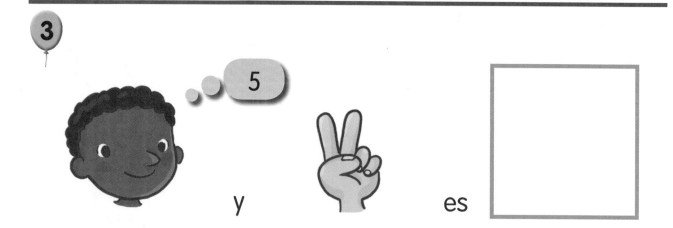 y es

Lección 1 Ordenar sucesos en secuencia

Empareja.

primero •

•

luego •

por último

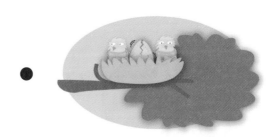

Colorea los marcos.

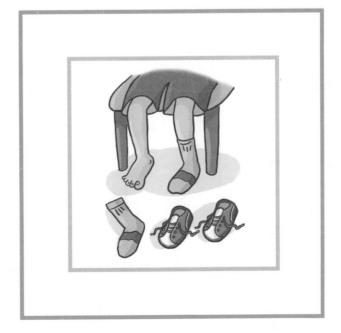

Colorea.

primero	segundo
tercero	por último

primero	segundo
tercero	por último

primero	segundo
tercero	por último

primero	segundo
tercero	por último

Colorea al niño o niña que está antes de Bebé Oso.
Colorea al niño o niña que está después de Bebé Oso.

Empareja.

1.ª preferencia •

2.ª preferencia•

3.ª preferencia•

Patrones en el calendario

Lección 1 Días de la semana

¿Qué día es hoy? Colorea de verde**.**
¿Qué día fue ayer? Colorea de azul**.**
¿Qué día será mañana? Colorea de amarillo**.**

domingo	lunes

martes	miércoles	jueves

viernes	sábado

Lee y encierra el día en un círculo.

Este día viene después del sábado y antes del lunes. ¿Qué día es?

sábado   domingo   lunes   martes

Marca con una X el mes que viene antes de agosto. Encierra en un círculo el mes que viene después de febrero. Colorea el mes que está entre octubre y diciembre.

enero	febrero	marzo
abril	mayo	junio
julio	agosto	septiembre
octubre	noviembre	diciembre

12 Contar hacia adelante y contar hacia atrás

Lección 1 Contar hacia adelante hasta el 10

¿Cuántos más faltan para completar 10?
Cuenta y escribe.

1

2

3

4

¿Cuántos más faltan para completar 10?
Cuenta y escribe.

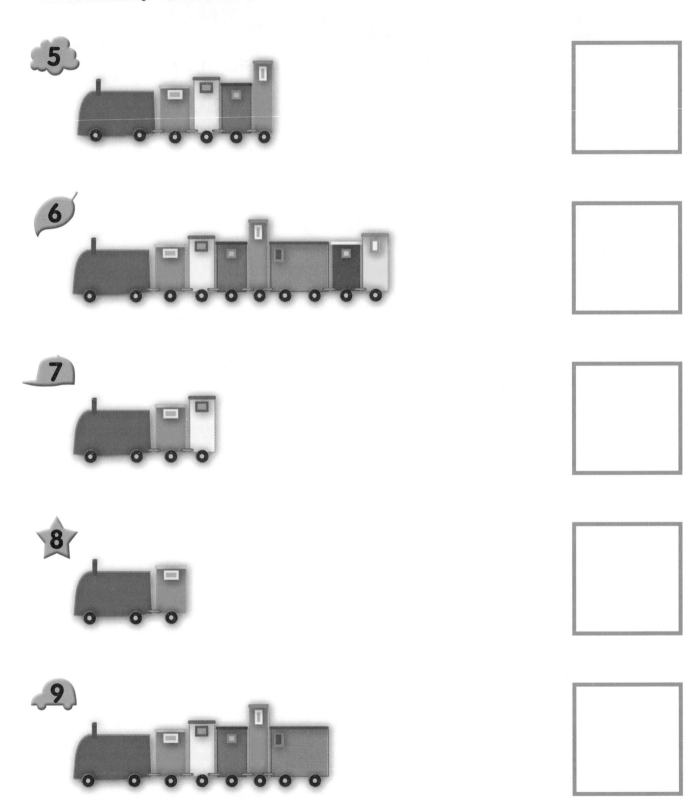

Colorea, cuenta y escribe.

1

Hay 10 🌼 y 🍃.

Hay 5 🌼, entonces colorea 5 ◯.

◯ ◯ ◯ ◯ ◯ ◯ ◯ ◯ ◯ ◯

¿Cuántos ◯ quedan? _____

¿Cuántas 🍃 hay? _____

2

Hay 10 🥄 y 🍴.

Hay 6 🥄, entonces colorea 6 ◯.

◯ ◯ ◯ ◯ ◯ ◯ ◯ ◯ ◯ ◯

¿Cuántos ◯ quedan? _____

¿Cuántos 🍴 hay? _____

Colorea, cuenta y escribe.

3

Hay 10 🍎 y 🍌 .

Hay 3 🍎 , entonces colorea 3 ⚪ .

◯ ◯ ◯ ◯ ◯ ◯ ◯ ◯ ◯ ◯

¿Cuántos ⚪ quedan? _____

¿Cuántos 🍌 hay? _____

4

Hay 10 👢 y ☂ .

Hay 8 👢 , entonces colorea 8 ⚪ .

◯ ◯ ◯ ◯ ◯ ◯ ◯ ◯ ◯ ◯

¿Cuántos ⚪ quedan? _____

¿Cuántos ☂ hay? _____

Cuenta, escribe y encierra en un círculo la respuesta.

1

¿Cuántas  hay? _____

¿Cuántos  hay? _____

¿Hay más  ?

¿Cuántas más hay? _____

¿Hay menos  ?

¿Cuántos menos hay? _____

Cuenta, escribe y encierra en un círculo la respuesta.

¿Cuántas ⭐ hay? _____

¿Cuántas 🐢 hay? _____

¿Hay más ⭐ o 🐢?

¿Cuántas más hay? _____

¿Hay menos ⭐ o 🐢?

¿Cuántas menos hay? _____

Capítulo 13 Patrones

Lección 1 Patrones que se repiten

Los objetos siguen un patrón que se repite. Encierra en un círculo el objeto que viene después.

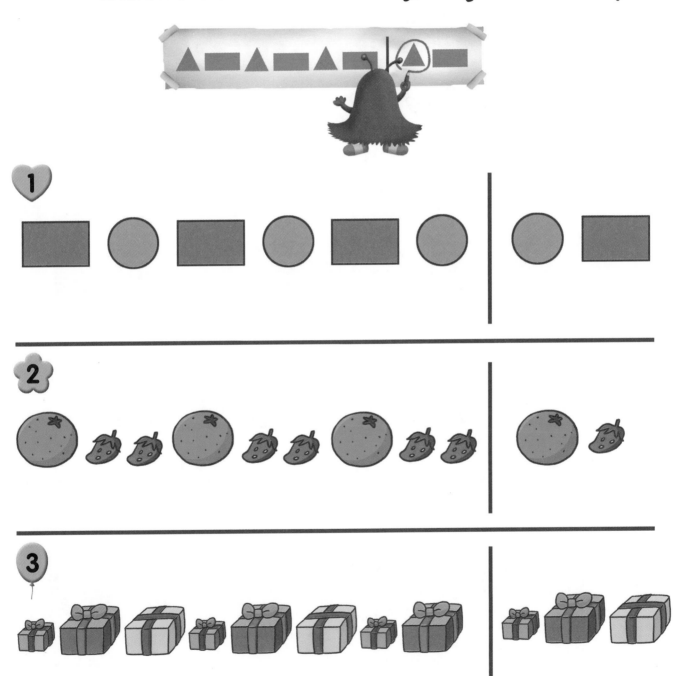

Las figuras siguen un patrón que se repite. Dibuja las figuras que faltan para completar el patrón.

1

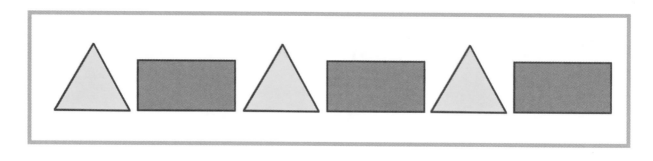

2

3

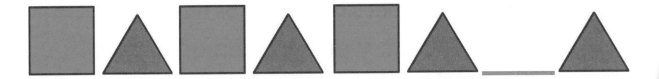

4

5

6

Lección 1 **Operaciones con números hasta el 10**

Cuenta, escribe y encierra en un círculo la respuesta.

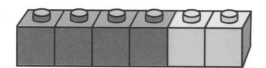

1

Hay _____ .

Hay _____ .

¿Cuántos hay en total?   2   4   6

2

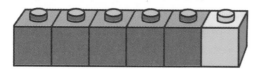

Hay _____ .

Hay _____ .

¿Cuántos hay en total?   3   6   7

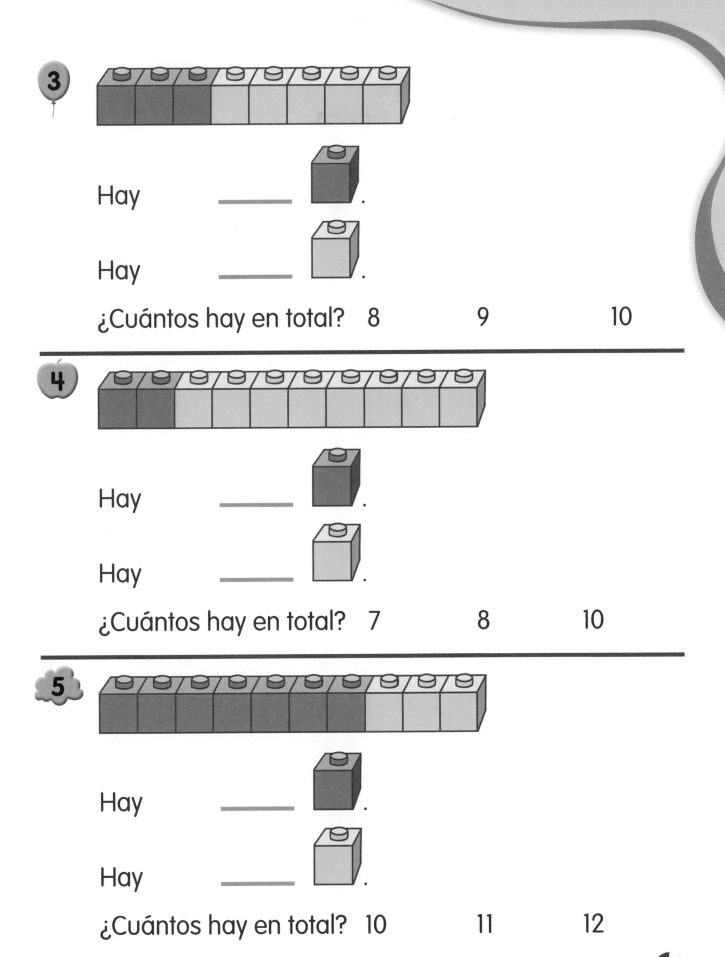

3

Hay _____ ⬛ .

Hay _____ ⬜ .

¿Cuántos hay en total?   8   9   10

4

Hay _____ ⬛ .

Hay _____ ⬜ .

¿Cuántos hay en total?   7   8   10

5

Hay _____ ⬛ .

Hay _____ ⬜ .

¿Cuántos hay en total?   10   11   12

Colorea, cuenta y escribe.
Escribe el enunciado numérico.

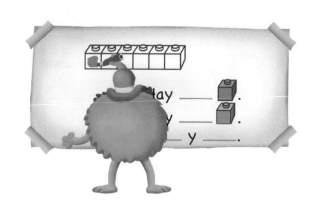

1

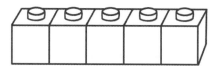

Hay _____ .

Hay _____ .

5 es _____ y _____ .

2

Hay _____ .

Hay _____ .

5 es _____ y _____ .

3

Hay _____ .

Hay _____ .

7 es _____ y _____ .

4

Hay _____ .

Hay _____ .

9 es _____ y _____ .

5

Hay _____ .

Hay _____ .

9 es _____ y _____ .

Cuenta y escribe.

Cuenta cuántas hay.
¿Cuántas más faltan para completar 10?

$\dfrac{6}{4}$

Cuenta cuántas hay. _____

¿Cuántas más faltan para completar 10? _____

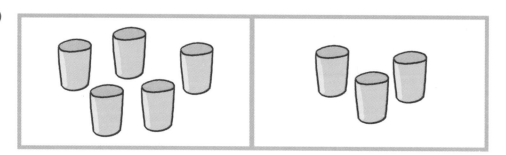

Cuenta cuántos hay. _____

¿Cuántos más faltan para completar 10? _____

3

Cuenta cuántos hay. _____

¿Cuántos más faltan para completar 10? _____

4

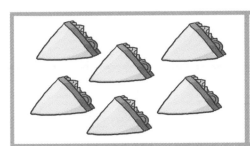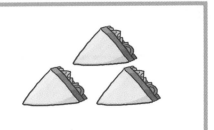

Cuenta cuántos hay. _____

¿Cuántos más faltan para completar 10? _____

5

Cuenta cuántos hay. _____

¿Cuántos más faltan para completar 10? _____

Lección 3   Componer y descomponer números hasta el 20

Cuenta y escribe. Escribe el enunciado numérico.

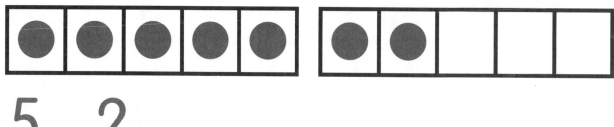

5 y 2 es _____ .

_____ y _____ es _____ .

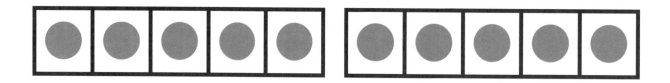

_____ y _____ es _____ .

4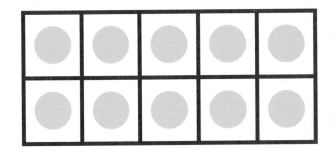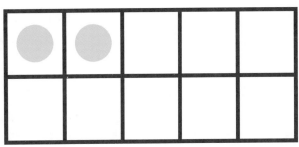

_____ y _____ es _____ .

5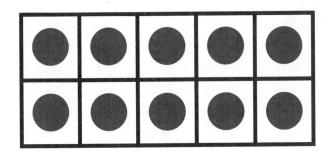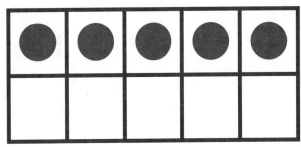

_____ y _____ es _____ .

6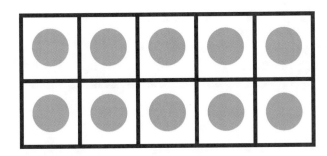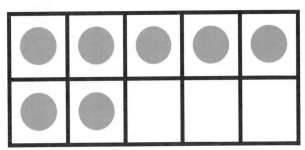

_____ y _____ es _____ .

Dibuja ◯. Escribe el enunciado numérico.

1

7

7 es _____ y _____ .

2

9

_____ es _____ y _____ .

3

5

_____ es _____ y _____ .

4

16

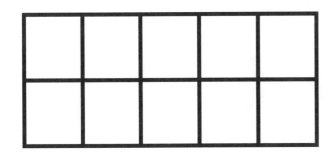 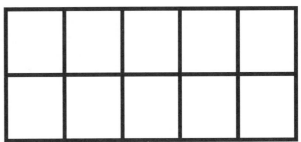

_____ es _____ y _____ .

5

14

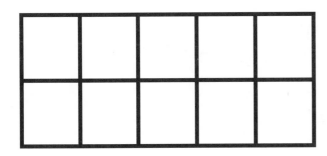 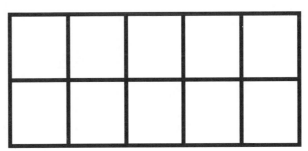

_____ es _____ y _____ .

Cuenta y escribe.

Cuenta cuántas hay.
¿Cuántas más faltan para completar 15?

7
8

Cuenta cuántas hay. _____

¿Cuántas más faltan para completar 15? _____

Cuenta cuántas hay. _____

¿Cuántas más faltan para completar 15? _____

3

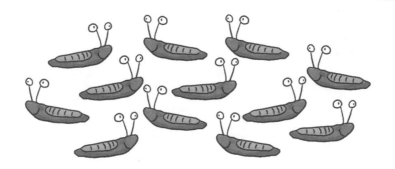

Cuenta cuántas hay. _____

¿Cuántas más faltan para completar 15? _____

4

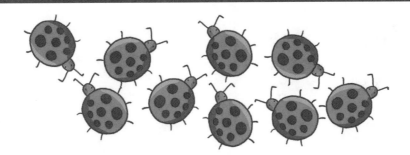

Cuenta cuántas hay. _____

¿Cuántas más faltan para completar 15? _____

5

Cuenta cuántos hay. _____

¿Cuántos más faltan para completar 15? _____

Cuenta y escribe.

Cuenta cuántas hay.
¿Cuántas más faltan
para completar 15?

9
6

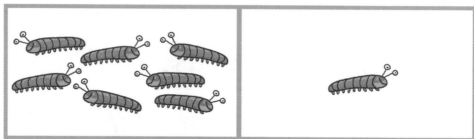

Cuenta cuántos hay. _____

¿Cuántos más faltan para completar 15? _____

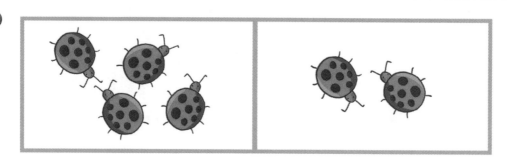

Cuenta cuántas hay. _____

¿Cuántas más faltan para completar 15? _____

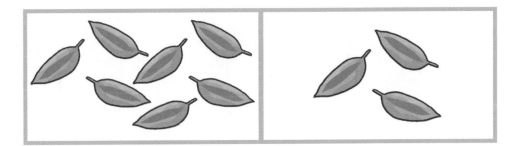

Cuenta cuántas hay. _____

¿Cuántas más faltan para completar 15? _____

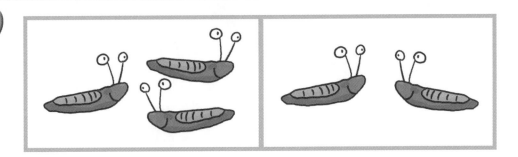

Cuenta cuántas hay. _____

¿Cuántas más faltan para completar 15? _____

Cuenta cuántas hay. _____

¿Cuántas más faltan para completar 15? _____

Tapete **1**

 **Más** **Menos**